DE
VILLE EN VILLE

NOTES DE VOYAGE

1880-1881

SCEAUX

IMPRIMERIE CHARAIRE ET FILS

—

1881

DE VILLE EN VILLE

DE

VILLE EN VILLE

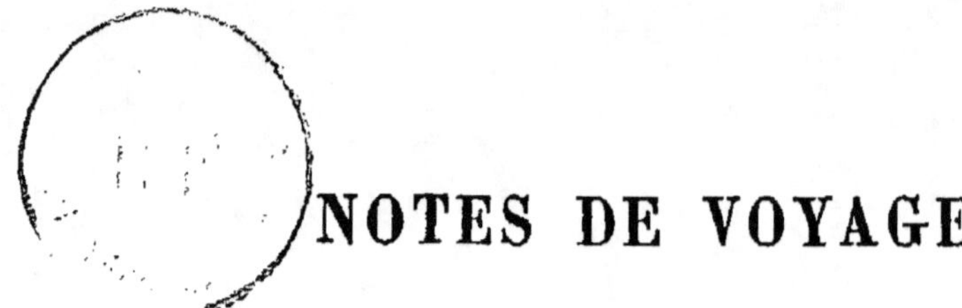

NOTES DE VOYAGE

1880-1881

SCEAUX

IMPRIMERIE CHARAIRE ET FILS

—

1881

A MES ENFANTS

J'ai pris ces notes en courant, pour ainsi dire. Écrites sans prétention et pour mon propre souvenir, elles n'étaient nullement destinées à sortir du carnet où elles avaient été mises. Mais poussée par le désir, bien naturel à une mère, d'occuper et d'intéresser ses enfants, même pendant son absence, j'ai pensé que ces quelques pages pourraient, dans l'avenir, vous rappeler que si j'ai trouvé du plaisir dans mes voyages, je n'ai jamais eu de plus grand bonheur que celui de vous revoir et de vous raconter ce que j'avais vu.

A. REDDON DE LA GRANDIÈRE.

Villa Penthièvre, Sceaux (Seine).

DE VILLE EN VILLE

NOTES DE VOYAGE

1880-1881

Septembre 1880.

Les eaux thermales de Vichy attirent chaque année un grand nombre de buveurs. Les uns viennent y chercher la santé que ses sources bienfaisantes y distribuent sans aucune parcimonie, les autres, attirés par la reconnaissance, viennent volontiers faire une saison dans ce charmant pays. Je me trouvais dans ce dernier cas; je faisais une provision de forces pour visiter aussi vaillamment que possible une partie des Alpes et de la Suisse que mon mari et moi nous voulions parcourir en touristes.

Les premières beautés qui frappèrent ma vue furent les montagnes d'Auvergne; elles sont à la vérité très pittoresques et d'un aspect saisissant; mais je n'ai pu que les admirer imparfaitement, n'ayant fait aucun arrêt dans ces parages, emportée que j'étais par le rapide chemin de fer.

La voie est bordée d'un cours d'eau qui paraît et disparaît, cela pendant 25 kilomètres environ. La route taillée dans le roc, est très accidentée; tantôt elle décrit des courbes très ardues, tantôt elle franchit un tunnel pour s'enfoncer dans un autre. On remarque aussi un superbe viaduc qui a, dit-on, 100 mètres de hauteur.

Enfin, après plusieurs heures d'un clair obscur, le lever du soleil, qui donne un si grand charme à la campagne, dans le mois de septembre, venait éclairer et dorer des champs entiers d'oliviers dont la culture nous annonçait le voisinage de

MARSEILLE

Ville fort intéressante à visiter, possédant deux ports uniques dans leur genre, plusieurs établissements importants, dont une Bourse de récente construction, des rues bien bâties, de belles et grandes maisons dont les ouvertures du rez-de-chaussée sont toutes protégées par des barreaux de fer et des persiennes à tous les étages invariablement fermées, ce qui donne un aspect fort triste, même à la magnifique promenade du Prado.

On peut faire le tour de la Corniche en omnibus pour la modeste somme de 30 centimes. On trouve là deux établissements de bains de mer, bien aménagés, mais fort peu suivis ; on aperçoit sur les rochers qui bordent cette falaise des habitations luxueuses, entre autres celle du directeur des chemins de fer de Lyon, vaste château moderne, style Louis XV. Là aussi, on s'arrête dans un superbe restaurant (Roubion) où l'on se fait servir une bouillabaisse très renommée.

Dans la ville, les allées de Meilhan conduisent au Château-d'Eau, dit palais de Longchamps ; on y admire de magnifiques cascades, un jardin zoologique et des musées de toutes sortes.

On va encore visiter la cathédrale en construction depuis un grand nombre d'années, et pour l'achèvement de laquelle une somme de 2 millions est encore nécessaire ; elle doit remplacer l'église, dite la Major, dont la con-

struction remonte au vii° siècle et où l'on célèbre encore les offices du culte, mais qui est
devenue bien insuffisante. En traversant la promenade dite la Cannebière, dont les Marseil-
lais sont si fiers à juste titre, nous sommes
arrivés au jardin public appelé les Colonnes,
situé sur une hauteur. Enfin, montant toujours
un chemin escarpé, au faîte duquel on gravit
encore environ 500 marches, on se trouve dans
la chapelle nouvellement construite et à grands
frais de Notre-Dame de la Garde. De ce point,
la vue n'a pas de bornes, on domine la grande
ville, la rade splendide, le Pharo, la Résidence
impériale, jadis offerte à Napoléon III, mais
qui n'a jamais été habitée par lui ; et les ruines
du château d'If, qu'Alexandre Dumas a rendu
célèbre dans son roman de Monte-Christo.

La chapelle de Notre-Dame de la Garde est
très visitée, les pèlerinages y sont nombreux,
et la statue de la Vierge, qui est en argent
massif, est particulièrement honorée et implorée
par les marins ; on la voit entourée d'un grand
nombre d'*ex-voto*, et on lui attribue beaucoup
de miracles et de guérisons.

En somme, la ville de Marseille, fort curieuse à parcourir, serait peu agréable à habi-
ter pour les personnes qui, après les labeurs de

la vie, chercheraient le calme et le repos dans
la vieillesse.

Il existe aussi le cours de Belzunce, où se
trouve la statue de l'évêque de ce nom, qui a
montré un admirable dévouement, lors de la
peste qui sévit à Marseille en 1720. Cette promenade centrale et transversale est très fréquentée par les ouvriers et les commerçants du
port, et on y voit des gens de tous pays, par-
lant toutes les langues.

Les environs de Marseille sont arides, la
culture de l'olivier est une industrie du pays;
mais il n'est pas rare de traverser en chemin
fer plusieurs centaines de kilomètres d'un
terrain complètement inculte.

VALENCE

Ville d'un aspect agréable: de nombreuses
promenades, des maisons bien bâties, et ayant
pour horizon la vue des montagnes, en font un
panorama gracieux. On y remarque une cathédrale en réparation depuis longtemps, mais
très bien située; tout proche, se trouve un vieux
tombeau, dont le faîte est supporté par quatre

colonnes; on l'appelle le Pendentif, monument de la Renaissance, érigé en 1548 par la famille de Mistral, et consacré à la sépulture des membres de cette ancienne famille parlementaire.

A cinq minutes de marche, dans une vieille rue de la ville, on voit une très antique habitation, dite la maison des Têtes, dont l'intérieur a été livré à l'industrie, mais une partie de la façade, très bien conservée, est restée historique et date certainement du xvie siècle. La place Saint-Félix est près de la gare, et se continue par une belle promenade, de chaque côté de laquelle s'élèvent des maisons de confortable apparence et de construction moderne. Le Rhône borde la ville et un beau pont en fils de fer la rallie aux montagnes qui l'entourent.

GRENOBLE

Ville bien bâtie, commerçante et devant être un séjour agréable. Les hautes montagnes qui l'environnent, formant une chaîne successive et indéfinie, permettent aux touristes d'y admirer les plus beaux points de vue qui existent en

France. L'Isère, qui traverse la ville, est une des rivières recevant la plus grande quantité d'eau ; trois ponts, dont deux en pierres et un en fer forgé, unique dans son genre, rendent les communications faciles entre la campagne et la ville ; dans cette dernière, la place de la Constitution, possédant un square au centre, entourée par de beaux hôtels, tels que la Préfecture, la Chambre de commerce, des musées, est un quartier calme, mais aristocratique. Le palais de Justice est, depuis des siècles, installé dans l'ancien palais des Dauphins lequel a subi, de nombreuses transformations depuis Louis XI jusqu'à Henri IV. Il possède encore des sculptures remarquables. En général, les maisons sont fort élevées, et sur la place Grenette, se concentrent l'activité et le mouvement commercial. On y voit les plus beaux hôtels, les plus grands cafés et les vieilles diligences du temps jadis qui conduisent les excursionnistes dans les environs.

C'est ainsi que nous avons été voir les cuves de Sassenage. On appelle ainsi la réunion de plusieurs sources venant des montagnes et formant lac dans l'intérieur d'un rocher pour se diviser en cascades mugissantes, et arriver ainsi jusqu'à l'Isère. Avant de quitter ce village, nous avons visité le château du comte de Béranger, fort simple à l'extérieur, mais possédant des trésors artistiques en tapisseries des Gobelins, en peintures, faïences et bibliothèques ; on y remarque la chambre de Louis XIII, qui a été propriétaire de ce domaine.

Le lendemain nous avons pris une voiture particulière pour nous transporter à Uriage, station thermale située dans une belle vallée, ayant un Casino fort modeste, mais de très jolies promenades à parcourir. Sur une montagne élevée, se trouve situé le château de Saint-Ferriol. Nous avons fait cette ascension et sommes arrivés au faîte par un chemin très escarpé ; nous y avons visité une galerie de tableaux d'une certaine valeur.

Je ne puis passer sous silence la route parcourue de Grenoble à Uriage, très pittoresque, entourée de montagnes verdoyantes ; on traverse un petit pays appelé Gières, et en se rapprochant de la ville, on aperçoit sur les plus hautes montagnes quatre forts qui ont été construits récemment pour protéger Grenoble contre l'invasion italienne.

GRANDE CHARTREUSE

Le soir, à 4 heures, nous nous embarquions
dans une diligence, avec la double perspective
de parcourir 42 kilomètres dans les montagnes
et de gravir les 1,200 mètres d'altitude qui
nous séparaient des disciples de saint Bruno.
Tout ce que l'imagination peut se figurer de
plus effrayant s'est déroulé sous nos yeux.
Nous montions une côte rapide pour descendre
plus loin avec des courbes effrayantes ; nous
voyions sous nos pieds un village que nous
venions de traverser il n'y avait qu'un instant.
Nous sommes ainsi arrivés à Saint-Laurent-
du-Pont, puis laissant là notre équipage pour
une voiture moins lourde mais aussi modeste,
nous voilà repartis sous la garde de Dieu et
la conduite de notre cocher, traversant tout
ce que la nature peut produire de plus sauvage : des monts escarpés, des torrents qui
roulaient sous nos pieds, des cascades qui
bouillonnaient sur nos têtes ; pas le moindre
remblai pour protéger les touristes contre des
précipices ayant des centaines de pieds de pro-
fondeur. Nous traversions des rochers à perte

de vue faisant voûte dont quelques-uns ont été percés comme des tunnels pour laisser passer les voitures. Enfin, nous arrivâmes chez les Chartreux à 10 heures. Ces bons religieux et religieuses nous donnèrent l'hospitalité à chacun dans un couvent différent.

Le lendemain, nous avons fait des excursions sur la montagne, après avoir entendu dévotement une messe et nous être bien restaurés de bons aliments, mais qui étaient complètement maigres. Nous avons visité la chapelle de Casalibus, où les Chartreux prononcent leurs vœux. Ces moines sont très aimés dans le Dauphiné, où ils font d'abondantes aumônes, et on les a en très grande vénération.

Nous n'étions pas sans inquiétude pour la descente : nous trouvant bien au-dessus des nuages, nous aspirions à être au-dessous, et nous avions à parcourir un chemin inconnu qui devait nous offrir de nouvelles émotions, car étant montés par Vorepe et la Placette, nous devions revenir par le Sappey. Coteaux, vallées, précipices et torrents, nous avons tout retrouvé, et après cinq heures d'admiration et de frayeurs, nous nous trouvions revenus à Grenoble avec l'intention de nous diriger le lendemain sur Chambéry.

Le tracé du chemin de fer est bordé de chaque côté par de hautes montagnes, dont l'une à la hauteur de Meilhan, s'est entr'ouverte en l'an 1,200 et a complètement enseveli le village de Saint-André. On attribue à la Vierge de Meilhan la conservation de ce pays. Le panorama est splendide. Dans les gorges des montagnes, on voit des villages très florissants, et on aperçoit parfaitement à l'horizon la chaîne des Alpes toute couverte de neiges éternelles.

CHAMBÉRY

Ville primitive qui cherche à se moderniser, mais qui a encore beaucoup à faire. On y voit des rues étroites et sombres, bordées de maisons ou plutôt de ruines qui semblent inhabitables aux voyageurs; on y visite un vieux château, demeure féodale des princes de Savoie, dont la chapelle est fort remarquable par la conservation de ses sculptures et l'antiquité de ses vitraux. Dans le château restauré, on a installé la préfecture et créé un jardin public; on remarque dans la ville un lycée, un théâtre, la fontaine des Quatre-Éléphants, la cathédrale, qui doit remonter aux XIV⁰ et XV⁰ siècles, plusieurs couvents et monastères, un palais de justice de construction moderne, et une place sur laquelle se trouve la statue d'Antoine Favre, jurisconsulte et premier sénateur de la Savoie, né en 1557, mort en 1624.

Du côté du chemin de fer, on trouve de superbes promenades, et qui s'étendent fort loin. La Laisse borde la ville, qui a un aspect très champêtre et très pittoresque avec son entourage de hautes montagnes.

Les habitants y sont affables, les femmes du monde très élégantes, et la population se trouve heureuse d'être réunie à la France, dont elle parle la langue très purement et sans aucun accent. Le soir nous trouvait à

AIX-LES-BAINS

Petite ville qui doit toute sa prospérité à ses eaux thermales, très appréciées des malades, et qui, à la fin de septembre, en compte encore environ deux mille.

Les maisons du pays sont tristes et pauvres ; mais on y a construit un grand nombre d'hô-

tels dont la plupart sont fort beaux. L'établissement des bains est très confortablement orga-
nisé, et les baigneurs sont tous ramenés à leur
domicile dans de vraies chaises à porteurs.
Deux casinos en concurrence offrent les distractions qu'on trouve dans toutes les villes d'eaux.
Un jardin public bien dessiné procure d'agréables promenades, et pour s'y rendre, on rencontre, sur une place, une fontaine donnant à la
fois, ainsi que toutes celles de l'établissement,
trois jets de différente nature : un, d'eau alunée
et tiède ; l'autre, d'eau soufrée et chaude ; et
enfin le troisième, d'eau naturelle. C'est avec ces
eaux réunies qu'on compose les douches, les
bains de piscine qu'on donne aux malades
avec grand soin.

Le lendemain, nous avons pris un omnibus
conduisant au grand port par une magnifique
allée d'arbres, pour nous embarquer dans un
vapeur faisant le tour du lac du Bourget. Nous
avons admiré son étendue et ses eaux bleues,
nous avons aussi vu le château de Châtillon, où
Lamartine a composé sa jolie poésie du Lac. Le
château de Bordeau est très remarqué, et la
Dent-de-Chat est une des curiosités du tour du
lac.

Nous avons fait une station à l'abbaye de

Hautecombe, dont l'église est très remarquable. Les sculptures fines et jolies sont taillées dans la pierre blanche de Savoie, et le mérite de la décoration est dû à des artistes italiens : on admire par-dessus tout une splendide statue de Catherine de Médicis, protégeant les arts et exerçant la charité.

Une descente de croix fort belle attire aussi les regards. Plusieurs mausolées de princes et de princesses de Savoie, font de cette abbaye un petit Saint-Denis. On visite aussi les appartements royaux, dont la simplicité serait surprenante, si on ne savait que les grands de la terre de ce temps-là venaient dans ce saint lieu y faire des retraites en union de prières avec les disciples de saint Bernard qui sont encore possesseurs de ce couvent.

En revenant à Aix-les-Bains, nous avons vu le chemin de fer côtoyant le bord du lac et le coupant quelquefois dans une certaine partie, traversant les montagnes dont nous étions entourés pour se rendre à Genève, chemin que nous avons parcouru deux jours après.

ANNECY

Petite ville de Savoie possédant des rues et des maisons aussi vieilles et aussi laides que l'imagination peut se les figurer. On a peine à croire que des créatures humaines puissent naître et vivre dans ces demeures humides et sombres, garanties de l'air et du soleil par des arcades basses et s'étendant de chaque côté des rues, ce qui donne un aspect répulsif à ces vieux quartiers ; mais on trouve aussi des places et des rues de création nouvelle où le grand air de la montagne pénètre librement. La préfecture, construction moderne et charmante, est située sur le bord du lac, du côté opposé au vieux château des ducs de Nemours, que les siècles semblent avoir épargné et qui maintenant sert de caserne.

De l'embarcadère du bateau à vapeur que nous avons pris, ce vieil édifice produit le plus joli effet, et nous voilà voguant encore sur une mer sans vagues. A gauche, on voit les ruines de la maison de Jean-Jacques Rousseau, où il a, dit-on, écrit ses *Confessions*; plus loin, une habitation où Eugène Sue aimait à se retirer, et de laquelle sont sortis plusieurs de ses romans.

Dans un autre ordre d'idées, on voit aussi à quelque distance un château moderne où monseigneur Dupanloup aimait, dans ses vacances, à venir, loin du bruit du monde, calmer son cœur et refaire sa santé. A l'autre extrémité de ce lac charmant qui est mieux entouré, plus attrayant, plus gai, que celui du Bourget, on voit le vieux château de Duing, au centre d'une presqu'île et qui a un aspect tout à fait féodal. Je ne puis omettre de parler de saint François de Sales, qui a évangélisé ce beau pays qui était le sien et dont le corps repose selon son désir entre deux montagnes.

En laissant Annecy, les touristes ne manquent jamais de s'arrêter à la station de Lovigny où, escortés d'un guide, ils se dirigent vers les gorges du Fier. Un torrent impétueux, qui se gonfle d'une façon effrayante à certains jours, mugit et roule entre des rochers énormes. A une hauteur prodigieuse, la main de l'homme a établi, sur un parcours de plus de 500 mètres, et contournant toutes les aspérités du roc, une

espèce de balcon d'ou l'on admire en frissonnant
ce que la nature a peut-être produit de plus
sauvage.

GENÈVE

Ville de plaisirs, d'un aspect fort agréable et
où les excursionnistes se succèdent toute l'année,
est remarquable par son lac immense, sillonné
de splendides bateaux à vapeur qui ne semblent pas effaroucher les beaux cygnes ayant
élu domicile dans ces eaux si claires. Plusieurs
ponts suspendus et hauts, relient les deux rives
et sur la droite du pont du Mont Blanc se
trouve l'île Jean-Jacques Rousseau, ainsi nom-
mée parce que la statue de ce philosophe, né à
Genève en 1712, en est le principal ornement.

Plusieurs jardins publics fort bien plantés
sont d'agréables promenades ; dans l'un d'eux se
trouve un pavillon où l'on voit le plan en relief
du Mont Blanc ; on vous fait remarquer le passage du Mont Saint-Bernard, suivi par Napoléon Ier en 1804, et le pic élevé où 46 excursionnistes, et des plus audacieux, ont pu pénétrer
cette année. Ce plan, qui est fort remarquable,

a coûté 10 années de travail. Sur le même côté du quai, on trouve les eaux vives et non loin, une puissante machine hydraulique qui filtre l'eau et la distribue dans la ville. Toujours du même côté on visite l'hôtel de ville qui date de plusieurs siècles et qui possède une rampe par laquelle on arrive à l'étage le plus élevé de l'édifice sans le secours d'aucun escalier. En suivant encore, on voit la cathédrale qui, ainsi que la plus grande partie des églises catholiques de la Suisse, a été transformée en un temple protestant, et où on fait à tour de rôle des offices et des concerts.

On visite aussi un musée appartenant à M. Reviliod, riche Italien qui a réuni de ses deniers personnels des trésors artistiques ; sur la porte d'entrée, se trouve un maillet en bronze qui, à lui seul, vaut une somme considérable. En suivant la jolie promenade des Bastions, refuge des millionnaires de Genève, et d'où la vue est splendide, on se trouve devant le nouveau théâtre, petit modèle de l'Opéra de Paris, puis, tout à côté, on passe une heure agréable dans le musée Rath, où l'on voit de belles sculptures et de jolies peintures. En prenant le tramway dont la ligne se prolonge du faubourg de Carouge à celui du Chêne, on arrive de nouveau sur

les quais, bordés de magnifiques hôtels, et près
de celui de Beau-Rivage, dans un square créé
selon l'intention du duc de Brunswick pour
lequel en reconnaissance des 25 millions qu'il
a laissés à la ville de Genève, on a élevé un
superbe mausolée surmonté d'une statue équestre qui le représente. Il repose là, près de ce lac,
au bord duquel il a passé les derniers jours de
sa vie, la guerre de 1870 l'ayant chassé de
Paris où il habitait alors.

Le lendemain à 8 heures du matin, prenant
le *Mont-Blanc*, superbe vapeur ayant double
entrepont et contenant 1,500 passagers, nous
nous disposions à faire le tour du lac, et notre
première station fut celle de Nyon, où on laisse
et prend beaucoup de voyageurs ; puis ncus nous
arrêtons devant la jolie station thermale d'Evian
dont les eaux sont souveraines contre l'affection
de la pierre et où Napoléon III devait, dit-on,
venir tenter une guérison. En suivant, nous arrivâmes à Vevay, petite ville bien bâtie, agréable,
possédant de jolies villas et surtout de très beaux
hôtels. Encore une heure de traversée et nous
voilà à Lausanne, ou plutôt dans le bas de la
ville qui est très montagneuse.

Un chemin de fer, dit la Ficelle, nous trans-
porta dans le centre où de belles maisons, de

jolies places, des fontaines antiques attirèrent
nos regards, et en montant une colline ardue,
en gravissant un grand nombre d'escaliers, nous
visitâmes l'ancienne cathédrale, dont le clocher
a de remarquables sculptures. Cet édifice est,
depuis 1535, transformé en temple protestant,
et Lausanne ne possède qu'une chapelle catho-
lique construite par la dévotion des fidèles. La
nuit nous ramenait à Genève, et de loin nous
apercevions les mille feux de ses rives, se mi-
rant dans son lac bleu.

Le lendemain, une fête de nuit nous attirait
à Clarence, et quatre heures de traversée à bord
du *Wenkerlind* nous mettaient en rade et en face
de la villa du prince russe Charnadieff, organi-
sateur de cette nuit vénitienne donnée à ses
frais. Tout ce qu'il est possible de produire avec
la réunion des feux de toutes couleurs multipliés
à l'infini, se déroula sous nos yeux émerveillés ;
chaque batelet, et ils étaient nombreux, dispa-
raissait sous des lanternes vénitiennes ; plusieurs
musiques faisaient entendre des accords har-
monieux, et les cinq bateaux à vapeur, formant
l'arrière-plan, disparaissaient sous leurs cordons
de lumières. A dix heures, un feu d'artifice
splendide était salué par mille bravos et le bouquet, pièce merveilleuse, jetant dans le lac des

branches de fleurs lumineuses, a été l'apothéose brillant de cette fête inénarrable. A deux heures du matin nous abordions à Genève.

ASCENSION DU SALEVE

Cette fois, c'est en diligence que nous nous disposons à faire cette excursion. Nous nous perchons sur la banquette de devant d'une vieille voiture, et nous nous dirigeons vers le Chêne, grand faubourg de la ville où notre cocher fit des approvisionnements de toutes sortes pour les habitants des hautes montagnes que nous nous disposions à visiter. Nous traversons le ruisseau qui sépare la Suisse de la Savoie et nous voilà donc en France. Nous montons jusqu'à Mornex, petit village composé de quelques chaumières, et, le croirait-on, on y trouve de modestes maisons qui se décorent du titre de pensions, et où vivent des familles anglaises qui viennent sur ces hauteurs admirer les points de vue et respirer le bon air de la montagne.

Un relai nous procure des chevaux moins

fatigués et nous voilà montant, montant toujours, contournant les rochers pour arriver à Monettier, pays sauvage et pittoresque et où l'on trouve encore un hôtel d'assez bonne apparence qu'habitent un grand nombre de nos voisins d'outre-Manche. Nous laissons notre équipage et nous voilà sur des mulets, ayant une ascension de plus de deux heures en perspective. Notre première halte se fit au pied d'une croix posée là à l'époque d'une mission. La vue domine un espace immense : Genève et son lac semblent sous nos pieds, le petit pays de Monettier ne paraît plus que comme un point noir, et j'avoue que le vertige se serait facilement emparé de moi, si j'avais voulu trop regarder. Nous remontons sur nos coursiers, n'ayant encore parcouru que la moitié de notre route, nous montons, montons toujours pour arriver au but et nous mettons pied à terre devant une cabane qui est un refuge. Il est nécessaire de faire un grand feu pour nous réchauffer et on nous fait bouillir du lait que nous prenons très chaud, puis nous admirons la vue. C'est si haut qu'on finit par ne plus rien voir, si ce n'est le Mont Blanc, ce géant des monts qui nous apparaît, revêtu de son enveloppe de neige d'un blanc éternel.

Le jour même de notre départ pour le Rhône,
le guide qui nous avait aidés de son expérience
pendant notre ascension, m'apporta un bouquet
de cyclamènes, petites fleurs rosées ayant le
parfum doux et pénétrant de la montagne où
elles vivent et meurent, et que je conserve
comme un souvenir agréable.

LYON

Est à juste titre considérée comme la seconde
ville de France. Ses rues larges, ses maisons
hautes et bien bâties, ses belles places où l'air
circule librement; le Rhône et la Saône qui
viennent la baigner sur des rives gracieuses et
embellies par des villas charmantes, les monuments historiques qu'on peut y visiter doivent
en faire un séjour fort agréable. Le temps que
j'y ai passé a été bien employé à visiter l'Hôtel
de ville qui rappelle un peu celui que nous pos-
sédions à Paris avant la fatale année de 1871 ; le
palais des Arts qui contient des musées inté-
ressants et une belle bibliothèque; la Bourse,
le palais du Commerce qui sont des édifices re-

marquables. Le Palais de justice, construit sur l'emplacement du palais de Roanne, et la cathédrale (Saint-Jean), monument historique du xiii° siècle, qui se trouve à côté, possèdent de belles sculptures ; enfin on remarque à Saint-Bonaventure de beaux vitraux, imités du style du xv° siècle. Il paraît que chaque année les frais du culte et les réparations nécessaires à ce bel édifice absorbent au moins 40,000 francs donnés en grande partie par les paroissiens. Je ne puis omettre de parler de la place de la République, où la statue que l'on a tant multipliée à Paris brille là par son absence ; on y voit, au centre du square, un beau bassin et un jet d'eau.

La place Bellecour, bien plantée, très vaste, et où une statue équestre de Louis XIV produit un grand effet, de beaux théâtres, de grands parcs, des quais superbes procurent des distractions et des promenades agréables.

Le chemin de fer, dit la Ficelle, nous a transportés dans ce faubourg des travailleurs qu'on appelle la Croix-Rousse. Nous y avons visité une fabrique et vu tisser la soie et le velours, et avons été émerveillés en voyant naître sous les doigts d'un ouvrier, le portrait du pape Léon XIII tissé sur du taffetas blanc, que nous avons emporté comme souvenir de notre passage dans ce milieu intelligent. En longeant les boulevards, j'ai été étonné du nombre et de la grandeur des brasseries, où la bière, le vin et la choucroute s'absorbent en quantité et à des prix très modérés.

Le lendemain, nous allions visiter Notre-Dame de Fourvières, encore en chemin de fer, dit la Ficelle, et après dix minutes d'une marche difficile sur une côte rapide, nous arrivâmes dans cette chapelle où un grand nombre de fidèles assistaient à la messe. Les ex-voto y sont nombreux, des pèlerinages y viennent fréquemment, et on construit à côté une magnifique église pour laquelle cinq millions ont été absorbés. On compte qu'il en faut encore trois pour achever cet édifice splendide dont les moindres détails sont traités avec art et qui pourra contenir un nombre considérable de chrétiens, venant pleins d'espérance implorer la protection de Notre-Dame de Fourvières. Une terrasse entourant l'ancienne et la nouvelle construction, procure aux visiteurs une vue admirable : la grande cité lyonnaise s'embrasse du regard et l'âme se sent plus près de Dieu sur cette hauteur bénie.

Le soir nous trouvait à

MACON

Petite ville de province ayant un cachet d'isolement et de solitude qui fait froid au cœur. On y voit un vieux château restauré où la préfecture a élu domicile ; une vieille maison de bois qui se trouve sur la place aux herbes, et l'on s'étonne, en la voyant si peu remarquable, qu'elle ait pu traverser les siècles pour arriver jusqu'à nous. Inutile de visiter la cathédrale nouvellement construite et à laquelle il reste beaucoup à faire pour qu'elle soit ornée d'une façon convenable ; mais les quais qui bordent la Saône sont certainement fort beaux ; on y voit la statue de notre grand poète Lamartine. Il est regrettable que cette promenade, qui serait charmante, soit complètement privée de verdure : pas un arbre pour tamiser les chaleurs de l'été et ombrager les maisons qui se trouvent sur la rive. Là, sont réunis les hôtels du pays, et l'on s'étonne d'en trouver d'aussi confortables dans une aussi petite ville.

DIJON

Où nous ne devions passer que quelques heures m'a particulièrement intéressé. Il y règne une activité surprenante, et un grand nombre d'ouvriers sont employés à construire et embellir cette petite ville qui a déjà de si jolies choses. Nous avons visité la cathédrale, dite Saint-Bénigne primitivement bâtie sur le tombeau du Saint dont elle porte le nom. Tout à côté, l'église Saint-Michel dont le portail est remarquable, possède tant à l'intérieur qu'à l'extérieur de fort belles sculptures. Le palais ducal avec sa tour légendaire s'élève encore fièrement et fait le côté d'une assez jolie place ; on a établi à l'intérieur divers musées qui contiennent bon nombre de curiosités, entre autres les tombeaux des ducs de Bourgogne. Ces tombeaux, ainsi que le puits de Moïse, qui seul y est resté, se trouvaient autrefois dans l'ancienne Chartreuse dont le terrain a été acheté par le département pour y créer un asile d'aliénés. On a conservé le portail de la chapelle sur le frontispice duquel on voit saint Antoine de

Padoue, Philippe le Hardi, la sainte Vierge, Marguerite de Flandre et sainte Catherine ; en face et isolée, une très belle statue de saint Bernard. Un cicerone vous fait voir le puits et vous explique qu'il a été construit de 1396 à 1399 par un Flamand nommé Claux Sluter ; les statues de grandeur naturelle qui l'entourent, sont les prophètes Moïse, David, Jérémie, Zacharie, Daniel et Isaïe. Ce puits est classé au nombre des monuments historiques, et les touristes ne manquent jamais d'aller le visiter.

Une voiture nous a fait parcourir la belle promenade qu'on appelle les Allées du Parc qui, relativement à Dijon, pourraient passer pour les Champs-Élysées de la ville, aboutissant à un petit bois de Boulogne ; mais, ainsi que dans toutes les provinces, on regrette de voir l'isolement dans lequel les habitants laissent des endroits si charmants : ce sont de jolis tableaux sans vie.

Nous avons vu le jardin public où l'on remarque un vieux chêne d'une grosseur phénoménale, tout près du chemin de fer, et en face la porte Saint-Guillaume. Pour utiliser la source du Château-d'Eau, on construit un bassin d'où l'eau s'échappera en nappes et en cascades, imitant un peu ce qui a été fait dans ce genre au

Trocadéro en 1878. Ce bassin sera entouré de jolies plantations et de jardins anglais, ce qui fera une nouvelle promenade pour les habitants de la jolie petite ville de Dijon.

NEVERS

que j'ai visitée en passant me semble une ville triste et peu soignée. Le Palais ducal, bâti à la fin du xve siècle, est l'ornement d'une place où se tient un marché ; la Cathédrale, remarquable de style et de sculpture, est livrée depuis des années à des ouvriers qui la restaurent; un Jardin public où la musique militaire se fait entendre deux fois par semaine est la promenade élégante de la ville. Quelques heures nous suffirent pour visiter une fabrique de faïence dont les produits sont renommés, et ce fut avec une grande satisfaction que nous prîmes le chemin de fer qui, cette fois, devait nous ramener directement à la villa Penthièvre que nous avions pu laisser volontiers pour quelque temps, mais où nous revenions avec le plus grand bonheur.

Dans le courant de juillet 1881, nous prenions à la gare Montparnasse le train express qui devait nous transporter vers les côtes de la Bretagne que nous voulions visiter en touristes. La chaleur tropicale que nous subissions à Paris depuis quelques jours augmentait de beaucoup le plaisir que nous avions à nous diriger vers un climat plus tempéré, où nous espérions bientôt être rafraîchis par les brises agréables du bord de la mer.

Notre première étape se fit à

RENNES

Nous descendîmes à l'hôtel de France qui est très confortable et, dans la journée, une voiture nous conduisit sur la belle promenade du Thabor, où des allées ombreuses abritent du soleil, et où les yeux sont récréés par un panorama varié et pittoresque. En effet, sur une terrasse, le point le plus élevé de la promenade, on domine une partie de la ville et aussi des campagnes bien cultivées. Tout à côté, nous avons visité l'église Sainte-Mélanie, le seul spécimen que Rennes offre de l'architecture du xie au xiiie siècle. L'archevêché y est contigu et a une apparence très grandiose. En descendant, car tout cela se trouve sur une hauteur, nous avons vu la Préfecture, qui est en réparation et nous sommes enfin arrivés au Palais de justice, dont l'intérieur très soigné, remarquable par ses peintures et ses vieilles portes de chêne, merveilleusement sculptées, nous a beaucoup intéressés. Dans une des chambres civiles, on admire de fort belles peintures dues à Jouvenet. On remarque encore, entre autres œuvres de cet artiste, un Christ de toute beauté et un plafond où se trouve Minerve poursuivant le Crime. Ce plafond a une particularité singulière : de quelque côté qu'on se place, la statue du Crime est tournée vers vous et vous regarde avec persistance. La ville a l'aspect calme, comme toutes les cités de province et la vie doit y être douce et facile.

BREST

nous apparut après sept heures de chemin de fer, et je ne fus pas charmée par l'aspect de ses rues escarpées, de ses maisons sombres ; mais plus tard, en me promenant sur le cours Dajot, en admirant sa splendide rade, en voyant les environs si pittoresques qui l'entourent, je compris l'enthousiasme des Bretons pour leur ville et le souvenir qu'en conservent les personnes qui y ont habité quelque temps. Le Port militaire est des mieux aménagés ; le Pont tournant, qui relie Recouvrance à la ville, est une merveille ; la rue de Siam est des plus fréquentées ; la place du Champ-de-Bataille prend aussi beaucoup d'animation lorsque les musiques militaires s'y font entendre. Je ne puis omettre de parler de la Ninon, dont l'accès est long et pénible et où l'on prend des bains sur galets en compagnie d'une immense quantité de marins et de militaires de toutes armes. J'ai aussi pu juger des brouillards humides et ensoleillés que l'on voit si fréquemment dans ce climat et qui obligent les

promeneurs à se munir toujours d'un parapluie.
Eu résumé, je comprends qu'on puisse s'y créer
des relations agréables, y subir un séjour de
quelques années, mais y rester pour y mourir,
jamais !

DINAN

se trouvait sur notre itinéraire et nous arrivâmes
le soir dans cette toute petite ville. Le lendemain, qui était un dimanche, nous fit passer en
revue la plus grande quantité possible de cos-
tumes des campagnes environnantes ; les coif-
fures surtout varient à l'infini. Nous avons visité quelques églises anciennes qui, à l'heure
des offices, sont toujours remplies par de fidèles
observateurs du dimanche ; on y voit un grand
nombre de femmes de la campagne, assises sur
des marches de pierre et qui, souvent, tournant
complètement le dos à l'autel, égrènent pieu-
sement des dizaines de chapelet. Sur une petite place, nous avons remarqué une bien vieille
maison ornée de la statue de Dinan qui est né
là, paraît-il. Notre guide nous conduisit sur la
promenade des Petits-Fossés, et le panorama le

plus varié et le plus charmant s'offrit à nos regards émerveillés. Nous pûmes admirer les jolies villas qui entourent la ville, le beau viaduc qui traverse la Rance, et nous prîmes une voiture qui nous fit parcourir de fertiles campagnes.

Nous allâmes goûter une eau ferrugineuse dont on commence à faire usage; et le château de la Garaye qui date du xv⁰ siècle fut le but de notre excursion. Nous y vîmes des restes de splendeurs architecturales, et de là nous fûmes visiter l'asile des aliénés, dirigé par les frères de Saint-Jean-de-Dieu et anciennement appelé les Bas-Foins. Cet asile contient un grand nombre de malades, dont les uns payent des pensions élevées et les autres, par un travail quotidien, aident à la prospérité de l'établissement. Les bâtiments élevés sur le versant d'une colline, se divisent en plusieurs corps dont l'un a été la proie des flammes il y a quelques années; le feu y avait été mis par un des frères servants, pauvre monomane qui jusque-là avait été jugé inoffensif.

Une chapelle remarquable, dont les clochers attirent les regards, a été construite depuis peu de temps, et j'ai pu assister aux vêpres du dimanche. L'enclos de l'hospice comprend des jardins, des prairies et des plantations. En longeant les murs, on arrive vers la route de Brest, à la Croix-du-Saint-Esprit, œuvre curieuse du xive siècle, représentant entre autres sculptures, la Sainte-Trinité.

A quatre heures nous prenions le vapeur qui devait nous faire descendre la Rance, rivière aux bords gracieux et accidentés; nous rencontrâmes des oasis délicieux, des rochers pleins de majesté, le fort du Chêne-Vert, qui semble résister au temps et aux flots et après une heureuse traversée de trois heures, nous abordâmes à

SAINT-MALO.

Ses hautes murailles, ses doubles fortifications en font une ville forte. La plage, qui y est belle, attire chaque année grand nombre de baigneurs, mais ils sont à plaindre d'avoir des jours à dépenser dans cette enceinte si restreinte où les promenades, en dehors des quais, du port et des remparts, se renouvellent sans cesse dans des rues escarpées et étroites où l'air pénètre à peine et le soleil jamais. Les maisons sont hautes et conservent un cachet antique qui n'a rien de réjouissant, car aucune sculpture ne vient égayer les yeux. Une belle église se trouve au centre de la ville, et la flèche du clocher, élégante et toute blanche, s'élève gaiement de cet amas de constructions grises et sombres.

Quelques beaux hôtels se trouvent réunis sur la place où Chateaubriand semble méditer sur un socle de granit, et, en descendant du côté de la mer, à marée basse seulement, on arrive à l'île du grand Bey, où, selon sa volonté, son corps repose loin des hommes et souvent bercé par la tempête. Aucune inscription ne pourra dire dans l'avenir quel génie sommeille sur ce roc abrité par une croix de pierre.

En revenant de cette excursion, nous avons remarqué un square, devant l'Hôtel de ville et la Préfecture, au centre duquel se trouve la statue de l'intrépide Duguay-Trouin, un Malouin dont, à juste titre, la ville est si fière.

SAINT-SERVAN

qu'un jour nous a suffi pour visiter, se relie à Saint-Malo par un pont roulant dans la mer. Ce pont transporte d'une rive à l'autre les voyageurs, mais cela n'a pu aplanir encore les haines et les jalousies qui existent entre les habitants des deux pays voisins.

Les Servanais nous ont fait admirer leur port toujours à flot, les chantiers où les constructions de navires sont importantes et aussi le second port militaire de Saint-Servan, près la tour Solidor, bâtie sur un rocher; elle fut élevée à la fin du XIVe siècle, par Jean IV. Cette forteresse, dont l'excellente construction a résisté au temps, se compose de trois tours réunies en triangle et couronnées de machicoulis. La tour Solidor sert à la défense de l'anse du même nom.

Nous avons admiré un Hôtel de ville monumental; l'église qui renferme une chaire de pierre blanche très joliment sculptée, une table sainte, un autel en marbre blanc et des peintures à fresque qui entourent la nef et qui datent seulement de l'empire.

DINARD

que nous allâmes voir ensuite, n'est séparé de Saint-Malo que par l'embouchure de la

Rance. Nous y avons contemplé le sable fin de la plage et le joli petit casino battu par les vagues.

En suivant le bord de la mer, nous avons pu admirer sur tout notre parcours les villas les plus confortables et les plus élégantes qu'on puisse rêver, entre autres celle de **M. de Mortemart** qui, située sur un rocher, attire particulièrement l'attention. Une autre splendide propriété, bâtie et habitée pendant quelque temps par **M. Pouyer-Quertier**, est en train d'être morcelée et pourra encore donner asile à plusieurs riches familles. Nous sommes ainsi arrivés à Saint-Égonat, qui n'est qu'une continuation de Dinard et qui ne lui cède en rien en habitations princières.

Notre retour à Saint-Malo se fit sur un bâteau à vapeur qui, chaque jour et toutes les heures, fait le transport des voyageurs.

PARAMÉ

nous restait encore à visiter, à deux kilomètres de Saint-Malo. Un omnibus en fait le trajet plusieurs fois par jour et un tramway est en voie de projet. Là vraiment se trouve une vraie station de bains de mer ; tout s'y crée pour les besoins des baigneurs. Une société financière y fait construire un immense hôtel et un beau casino ; on y trouve dès maintenant des villas charmantes ; le prince de Galles y a fait transporter la jolie habitation anglaise qui se trouvait près du Trocadéro à l'exposition universelle de 1878. Tout cela est largement situé ; la vue n'a pas de bornes, la plage est grande, et le sable fin et doré semble inviter à la parcourir sans le secours d'aucune chaussure.

Déjà un assez grand nombre de cabines et des tentes particulières prouvent suffisamment que les avantages de cette station qui commence seront vite appréciés et bon nombre de familles comprennent que là se trouvent le bien-être et le plaisir qu'on peut trouver au bord de la mer.

Une nuit de tempête était venue couronner nos excursions du jour, et le lendemain, ce ne fut pas sans effroi que je vis, se balançant furieusement sur les vagues, le vapeur l'*Alliance* qui devait nous transporter à

JERSEY

La traversée fut pleine de péripéties; un tan-
gage violent qui obligeait les passagers à se
tenir assis ou couchés, en rendit le plus grand
nombre malades. Le bruit du vent était dominé
par des gémissements et autre chose, et pour
moi, je dus n'avoir à supporter qu'un malaise
général, grâce à l'immobilité absolue dans laquelle je voulus rester; mais ainsi que le soleil
nous éclaire après la pluie, en abordant à Saint-
Hélier et en posant le pied sur la terre ferme,
tous nos malades furent guéris et chacun se mit
en quête d'un hôtel. Celui de la *Pomme d'or*
nous avait été indiqué; nous voilà donc ins-
tallés dans une chambre proprette, dont les la-
vabos surtout ne laissent rien à désirer. Un lit
de fer d'une largeur démesurée, nous donnait
l'espérance de nous reposer de nos fatigues;
mais il n'en fut rien pour le premier jour, car
ensuite on s'y habitue; ce lit était composé d'une
espèce de sommier anglais, que des planches
pourraient remplacer avantageusement, et d'un
mince petit matelas de crin.

A Saint-Hélier, la plupart des rues sont larges et bordées par de jolis magasins ; les maisons sont construites à l'anglaise, hautes de deux ou trois étages au plus, elles ont toutes des façades unies. Les fenêtres sans persiennes sont fermées par des châssis mobiles.

Nous avons visité le Victoria-Collège, situé sur une colline boisée, de laquelle on domine toute la ville ; l'obélisque Harvey nous servait de point de repère. La place Royale, où s'élève la statue du roi Georges II, est très fréquentée ; l'édifice que l'on voit à droite est la Cohue ou Palais de justice ; tout près se trouve un temple d'un extérieur simple, entouré de son cimetière, coutume très répandue à Jersey.

Les rues les plus importantes de ce pays, dont la réputation est si bien faite, sont Queen-Street, où se trouve le bureau de poste, Halkett-Street et King-Street, qui rivalisent toutes pour la beauté de leurs magasins. La population est d'origine normande et bretonne ; elle conserve de l'affection pour la France, mais tient beaucoup à tous les privilèges que l'Angleterre lui laisse ; la liberté y est complète, les impôts sont inconnus ; quelques policemen suffisent pour y maintenir le bon ordre. La langue anglaise y est généralement parlée, mais grand nombre de personnes dans la ville et les campagnes parlent aussi le français.

Nous allions fréquemment dans un bar parisien, mais l'ouverture en était si récente qu'il y avait encore bien peu de monde. Nous avons aussi été passer une soirée dans un *musical-meeting*, espèce de grande salle dans laquelle se trouvent plusieurs tables où l'on vous sert du pale-ale, pendant qu'une jeune femme, en toilette tapageuse, fait tinter les accords d'un piano et se dispose à accompagner n'importe quel chanteur de bonne volonté qui voudra se faire entendre. Un artiste de passage, en l'honneur des touristes français, qui étaient nombreux ce soir-là, a bien voulu nous chanter d'assez jolies fantaisies dans notre langue ; puis nous avons entendu des chansons comiques et autres en anglais. Tous les spectateurs répétaient le refrain en chœur, et on est arrivé ainsi à faire un bacchanal inénarrable. Pendant ce temps, la bière coulait à flots, et il faut être en pays étranger et poussé par la curiosité pour voir d'aussi près une semblable réunion.

Mais j'arrive au but intéressant du séjour à Jersey ; ce sont les excursions pour lesquelles des guides passent le soir dans les hôtels prendre le nom des personnes qui veulent en faire partie.

Trois jours suffisent, mais sont nécessaires pour visiter complètement l'île. On part dans de grandes voitures de courses contenant chacune trente personnes : cinq ou six se suivent, et c'est ainsi que nous avons parcouru des promenades ombragées et délicieuses, vu sur notre passage les villas les plus splendides et les plus gracieuses qu'on puisse rêver, construites avec des variétés de style qui leur donnent un charme de plus, entre autres celle où Victor Hugo a habité des années et qui rachète un extérieur simple par une vue magnifique sur la mer.

Nous sommes ainsi arrivés à la grève de Lecq, un des endroits les plus fréquentés de Jersey, grâce à ses beautés naturelles. Les voitures d'excursions nous conduisirent à Gorey, joli village avec un port de forme demi-circulaire, et ensuite au château de Montorgueil où nous mîmes pied à terre. Cette sombre forteresse féodale des xiie et xiiie siècles a conservé ses hautes tours crénelées. On gravit une série d'escaliers creusés dans le roc, et sur la plate-forme, à la base du donjon, on a un des plus beaux panoramas de l'île.

Nous voilà repartis par la baie de Rozel, dont le joli petit port est habité par des pê-cheurs. J'oubliais de dire que nous étions montés à la tour du Prince, d'où l'on découvre toute l'île, et que nous avions visité le jardin Tropico, qui renferme un grand nombre de plantes exotiques, et des pieds d'hortensias du plus beau bleu ; cette végétation se trouve sur les parois d'un rocher en terrasse. De la plate-forme élevée, la vue embrasse toute la baie.

Nous avons aussi visité Saint-Aubin, ancienne capitale de Jersey, où un chemin de fer côtoyant la mer vous transporte facilement. Ce petit pays offre un amphithéâtre de maisons coquettes et propres sur des pentes revêtues de verdure. Un assez grand nombre de baigneurs y résident pendant la saison. Il nous fallut en finir avec toutes ces beautés luxuriantes, et nous reprîmes à regret le bateau qui devait nous ramener à Saint-Malo. Cette fois, la mer était calme, et quatre heures de traversée nous remirent en France.

Nous dirigeant immédiatement vers la gare, notre première halte se fit à

DOL

Nous y visitâmes la cathédrale, édifice dont les plus vieilles parties remontent au xiiie siècle.

vaisseau spacieux et régulier, mais qui aurait besoin de nombreuses réparations : on remarque au chevet une magnifique fenêtre qui a conservé presque intacte sa superbe verrière. Ce monument est classé, et les beaux-arts devraient bien se hâter d'y envoyer les secours nécessaires à sa conservation.

Nous passâmes au buffet de Dol, qui est entouré d'un joli jardinet, les quelques heures qui nous séparaient du passage du train devant nous conduire à Pontorson, où, en arrivant, nous trouvâmes une voiture pour nous transporter au

MONT SAINT-MICHEL

Je voudrais jusqu'à présent n'avoir pas eu l'occasion de témoigner mon enthousiasme et mon admiration, afin de pouvoir ici, devant cette merveille, m'extasier avec des mots appropriés à cette grande chose.

En effet, cet immense rocher, qui mesure environ sept cents pieds de hauteur, ayant à sa base un village de près de trois cents habitants et se trouvant séparé du continent par la mer, offre un aspect étrange et tout particulier. Le mont Saint-Michel s'élève dans la baie formée par la réunion des côtes de la Normandie et de la Bretagne, au milieu d'une vaste plaine de sable mouvant, où chaque année des voyageurs imprudents trouvent une mort affreuse.

Le sommet est occupé par l'église et l'abbaye. Ce ne fut que vers le VIIIe siècle que la religion vint enlever cet asile aux superstitions païennes ; on en a fait tour à tour un monastère, une prison d'État et une maison de détention. Robert de Thorigny y réunit une riche collection de manuscrits ; saint Louis y vint en pèlerinage et y laissa des dons considérables ; Louis XI y institua l'ordre des chevaliers de Saint-Michel ; sous le règne de Louis-Philippe, Barbès, Blanqui, Raspail y ont été enfermés. En 1874, un décret, remit à la commission des beaux-arts ce monument historique, et on fait actuellement de grandes réparations pour sa conservation. Un côté est occupé par des religieux qui vous servent de guides pour visiter l'église dont la nef et les croisillons remontent à l'an 1020. On gravit l'escalier de dentelle pour arriver sur une plate-forme de laquelle la vue embrasse un panorama grandiose.

Voici le dôme de verdure de l'île Meunière,

5.

que domine le clocher et le village de Saint-
Quentin ; puis les croupes verdoyantes où repose
Avranches. En aval, dans un triangle de verdure
encadré de grèves, l'église du Val-Saint-Père,
plus loin la tour svelte de Dragey, et enfin le
morne de Saint-Jean-le-Thomas et le rocher de
Tombelaine, se voient à peu de distance.

On admire les tours crénelées, les remparts à
machicoulis qui font du mont Saint-Michel une
merveille, et après avoir visité le trésor de la
chapelle, où se trouvent de riches bannières, un
ostensoir enrichi de pierres précieuses, le collier
d'or de l'ordre de Saint-Michel, nous avons parcouru le réfectoire des moines, qui a trente-cinq
mètres de longueur. Nous étions arrivés au point
où le guide devait nous laisser pour nous re-
mettre entre les mains d'un garde civil chargé
de nous montrer l'autre partie du mont. Avant
de laisser les religieux, nous avons fait quelques
acquisitions de photographies et d'objets de piété,
dont le produit sert à l'entretien d'un orphelinat
dirigé par des sœurs et situé sur un des versants
du rocher.

Nous voilà dans la partie vraiment artistique ;
nous y avons admiré la Merveille, se composant
de trois bâtiments d'un effet prodigieux : dans
l'un, l'aumônerie et le cellier, dans l'autre la

salle des chevaliers, le dortoir et enfin le cloître.
Nous avons aussi visité de noirs cachots où les
prisonniers, attachés à une chaîne de fer, subis-
saient des rigueurs inouïes ; mais ne voulant pas
rester sur cette triste impression, nous sommes
revenus sur une plate-forme, admirer encore ce
sublime spectacle dont la monotonie se change
et varie au jeu de la lumière, au mouvement
des eaux.

En revenant à notre hôtel, situé au pied du
mont, nous étions sous le charme de notre ascension qui n'avait pas été moindre de six cent
quatre-vingt-dix marches. Il nous restait encore
une grande chose à contempler : le bruit de la
marée montante se faisait entendre au loin, et
quelques instants devaient suffire pour inonder
ces grandes plaines de sable et venir nous en-
tourer d'eau. En effet, on dit qu'un cheval au
galop ne pourrait pas suivre la vague qui bientôt
devait nous séparer de la terre ferme ; mais j'oubliais une malencontreuse digue qui permet en
tout temps de venir à pied sec au mont Saint-
Michel. Établie depuis quelques jours seulement,
elle nuit beaucoup à l'effet grandiose que le roc
isolé doit produire ; les beaux-arts s'en sont
émus, un procès engagé doit aboutir à la faire

disparaître, et nous aurons, comme par le passé, notre admirable mont Saint-Michel, ne tenant en aucune façon, aux choses de ce monde.

GRANVILLE.

était notre dernière étape, et sur cette petite plage où chaque année grand nombre de familles et d'enfants viennent respirer l'air pur de la mer, nous nous sommes reposés des fatigues de nos excursions.

La ville se divise en deux parties, haute et basse. Dans la première se trouve une église d'aspect assez triste qui date du xv⁰ siècle et qui paraît bien entretenue. En la laissant sur la gauche et faisant le tour du roc qui borde la mer, on parcourt la plus jolie promenade qu'on puisse rêver. J'y ai vu un coucher de soleil de toute beauté. On rencontre quelques villas que de riches étrangers habitent pendant quelques mois d'été, et en descendant des pentes rapides, on traverse des jardins bien cultivés et qui font une opposition pittoresque aux rochers qui les entourent.

Nous arrivons ainsi dans la basse ville, où se trouve un port de commerce, donnant abri à un grand nombre de bateaux pêcheurs : des fonds importants viennent d'être votés pour la construction d'un bassin à flot. Non loin de là, et tout proche du chemin de fer, on voit l'hôpital civil, qui est très bien situé, presque en face un atelier de corderie appartenant à la compagnie transatlantique et occupant un très grand nombre d'ouvriers.

En résumé, l'aspect de Granville est plutôt triste et pauvre, en dehors du cours Jonville, de la rue Lecampion et de celle des Juifs, où quelques magasins sont assez bien approvisionnés. Les habitants vivent dans des ruelles étroites et sombres où une aisance relative vient quelquefois les trouver, grâce aux baigneurs qui y laissent beaucoup d'argent, en échange du repos et de la santé dont ils font provision.

On dit qu'une société financère va très prochainement construire sur un haut rocher et dominant la plage, un grand hôtel et un splendide casino, ce qui donnerait à Granville l'importance qui lui manque.

Les excursions des environs se résument à la pointe de Carolles d'où la vue s'étend jusque sur les rives opposées ; quelques baigneurs y résident pendant la saison. Mais c'est à Saint-Pair que se rendent les familles aristocratiques. Là, sur une vaste plage de sable fin, on voit un grand nombre de cabines où se tiennent toute la journée les jeunes mères et les jolis babys. Nous avons visité la vieille église devenue trop petite pour le nombre croissant des fidèles, et qui va être enveloppée dans un grand édifice en voie de construction. On conservera avec soin les vieux piliers qui datent du XIe ou XIIe siècle, et la nef appartenant à la Renaissance, ainsi que l'indiquent les cintres et les ogives. On trouve et on vénère dans cette église les tombeaux de saint Pair et de son disciple saint Scubilion. Ces tombeaux sont surmontés de statues qui datent du XIVe siècle.

Notre retour à Granville se fit dans la soirée, et le lendemain, le train express nous déposait à la gare Montparnasse, de laquelle nous étions partis avec tant de plaisir vingt jours avant. Nous revenions avec une collection de souvenirs agréables, et tout le bonheur qu'on éprouve à se retrouver parmi les siens et dans son *at home.*

FIN

Sceaux. — Imp. Charaire et fils.